누리 과정에서 쏙쏙

자연탐구 탐구과정 즐기기 - 주변 세계와 자연에 대해 지속적으로 호기심을 가진다.

초등 과정에서 쏙쏙

과학 4-1 2. 식물의 한살이 - 2. 식물의 자람, 3. 여러 가지 식물의 한살이
과학 4-2 1. 식물의 생활 - 1. 식물의 생김새, 2. 식물이 사는 곳
과학 5-1 3. 식물의 구조와 기능, 4. 작은 생물의 세계

감수 및 추천 이명근 박사(미국 존스홉킨스 대학교 교수 역임, 현재 연세대학교 보건대학원 교수)

세계 곳곳의 재난지에 뛰어들어 어린이들은 물론 도움이 필요한 사람들을 구조하며 봉사의 삶을 사는 분입니다. 알아야 더 잘할 수 있다는 믿음으로 연세대학교 보건대학원에 '국제 재난 대응 전문가 과정'을 개설하여 많은 재난 구조 전문가를 양성하고 있습니다. 국제 NGO인 '머시코'(Mercy Corp.)와 UNDP(유엔경제개발계획)에서 활동하기도 했습니다. 지금은 재난 구호의 필요성을 알리고, 아시아와 아프리카의 개발을 위해 '코이카'(KOICA, 한국국제협력단)와 국제 개발 기관인 '글로벌 투게더' 등과 함께 봉사에 앞장서고 있습니다.

글 제인 세인트 클레어

노스웨스턴 대학 및 동 대학원에서 저널리즘을 공부하였으며, 졸업 후 '할리우드 넥스트 석세스' 등의 시나리오 공모전에서 우승하기도 했습니다. 〈레드락〉, 〈리뷰〉, 〈우먼 픽션〉 등의 문학 잡지와 「시카고 트리뷴」, 「에반스톤 리뷰」 등의 신문사에서 편집자로 근무했습니다. 현재는 '세사미 스트리트'와 '머펫쇼' 등의 어린이 프로그램 작가로 활동하고 있습니다.

그림 슈테판 볼프

독일 출생으로 뮌스터 대학에서 일러스트레이션과 그래픽 디자인을 공부하였습니다. 오랜 시간 광고 회사의 그래픽 디자이너로 일하였고, 현재는 자신의 어린 시절에 색을 입히는 마음으로 어린이 그림책 프리랜서 일러스트레이터로 활동하고 있습니다.

과학 동화

식물 | 신기한 식물
19. 별난 식물, 놀라운 이야기

글 제인 세인트 클레어 | **그림** 슈테판 볼프
펴낸곳 스마일 북스 | **펴낸이** 이행순 | **제작 상무** 장종남
대표 조주연 | **주소** 서울특별시 종로구 사직로8길 20, 103호
출판등록 제2013 - 000070호   **홈페이지** www.smilebooks.co.kr
전화번호 1588 - 3201   **팩스** (02)747 - 3108
기획 · 편집 조주연 김민정 김인숙 | **디자인** 김수정 정수하
사진 제공 및 대여 셔터스톡 연합뉴스 프리픽

이 책의 모든 글과 그림 등의 저작권은 스마일 북스에 있습니다.
본사의 허락 없이 이 책에 실린 내용의 일부 또는 전체를 어떤 형태로든지
변조하거나 무단 복제하는 것은 법으로 금지되어 있습니다.

⚠ 책을 집어던지면 다칠 수 있으니 조심하십시오. 잘못 만들어진 책은 바꾸어 드립니다.

별난 식물, 놀라운 이야기

글 제인 세인트 클레어 | 그림 슈테판 볼프

제이슨이 그림을 그리고 있었어요.
"데이지꽃을 예쁘게 그렸구나!"
마법사 멀린이 그림을 보며 칭찬했어요.
"데이지는 내가 제일 좋아하는 식물이에요."
"제이슨, 식물이 무엇인지 알고 있니?"
"식물은 물과 햇빛, 공기가 있어야 잘 자라요.
잎과 줄기가 초록색이지요."
제이슨이 제법 아는 체하며 말했어요.

"음, 꼭 그렇지만은 않단다.
세상에는 아주 특이한 식물이 참 많지."
멀린은 마법의 책을 펴들고
신기한 식물의 이야기를 들려주었어요.

멀린과 제이슨은 바닷속으로 내려갔어요.

"어? 바닷속에도 식물이 있어요!"

"그래. 그런데 자세히 봐. 초록색이 아니지?"

"네, 붉은색과 갈색이에요."

"그래, 그러니까 식물이라고 모두 초록색인 건 아니야."

"이 갈색 **다시마**는
물속에 사는 식물 가운데서도
키가 큰 식물이야.
너만 한 아이들 65명의
키를 합쳐 놓은 길이와 같단다.

🍎 **물속에 사는 식물**
물속에 사는 식물을 '조류'라고 해요. 땅 위에 사는 식물과 다르게 뿌리, 줄기, 잎의 구별이 없어요. 조류 가운데 바다에서 살아가는 식물을 '해조류'라고 해요. 해조류에는 미역, 파래, 다시마 등이 있어요.

바다 위로 나온 제이슨은 군데군데
초록빛으로 빛나는 바닷물을 바라보았어요.
"저 바닷물은 왜 초록색이에요?"
"그건 물속에 사는 **플랑크톤**이라는 작은 생물 때문이야.
플랑크톤이 많이 생기면,
물 색깔이 초록색이나 붉은색으로 변한단다."

물속에 사는 작은 생물, 식물 플랑크톤
식물 플랑크톤은 햇빛을 받아 스스로 양분을 만들
수 있어요. 식물 플랑크톤은 물속에서 살아가는
여러 생물의 중요한 먹이가 되지요.

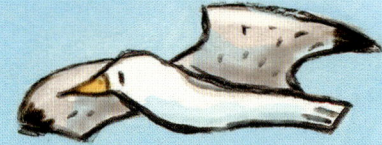

"이제는 다른 식물을 보러 가자."
멀린과 제이슨은 숲으로 갔어요.
"나무줄기와 바위 사이를 봐."
제이슨은 멀린이 가리킨 곳을 살펴보았어요.
"이것은 **이끼**란다. 이끼는 축축한 곳에서 살지."

이끼도 식물이에요
이끼도 스스로 양분을 만들어서 자라기 때문에 식물이에요. 크기는 보통 1~20센티미터 정도 되지만, 훨씬 큰 것도 있어요. 보통 축축하고 그늘진 곳에서 엉키며 자라지요.

"어, 뿌리도 없고 꽃도 없어요!"
제이슨의 두 눈이 밤송이보다 더 커졌어요.

제이슨이 죽은 나무에서 버섯을 찾아냈어요.
"버섯은 우산처럼 생긴 식물이네요."

"버섯은 식물이 아니란다."

"버섯은 스스로 *양분을 만들지 못해.
죽은 나무에 붙어 나무의 양분을 빨아 먹고 자라지."

양분 영양이 되는 성분으로, 영양분이라고도 해요.

홀씨

둥근 갓 밑의 주름 속에
홀씨가 들어 있어요.

먼지같이 생긴 홀씨가 바람에 날려
이곳저곳에 떨어져요.

홀씨가 떨어진 곳에
버섯이 자라나요.

홀씨가 뭐예요?
꽃처럼 암술의 밑씨와 수술의 꽃가루가 만나지 않고
바로 싹이 나는 씨앗을 홀씨라고 해요.

"식물 중에는 독이 있는 식물도 있단다."
멀린이 주의를 주었어요.
제이슨은 풀을 만지다 말고 움찔했어요.

"깊은 산골짜기에서 자라는 **투구꽃**은 뿌리에 강한 독이 있어."

"이번엔 가시를 이용해서 자신을 지키는 **쐐기풀**을 보러 가 볼까?"

멀린은 제이슨을 데리고 한국으로 날아갔어요.

"쐐기풀의 가시에는
따갑게 하는 액체가 들어 있어."
"만져 봐도 돼요?"
제이슨이 쐐기풀에 손을 대려고 했어요.
"안 돼. 풀을 좋아하는 토끼도 쐐기풀은 먹지 않아.
찔리면 얼마나 따가운지 알고 있거든."

"카멜레온처럼 색깔을 바꿔서 자신을 지키는 식물도 있지."
어느덧 멀린과 제이슨은 아프리카의 사막에 도착했어요.
"제이슨, 자갈처럼 생긴 식물을 찾아볼래?"

자갈처럼 생긴 식물, 리톱스
한 쌍의 두꺼운 잎이 있어요. 잎의 위쪽이 반원 모양이고, 노란색이나 흰색 꽃이 피어나요. 잎의 모양이나 색깔이 자갈과 비슷해서 눈에 잘 띄지 않아요.

"식물이 자갈처럼 생겼다고요? 아, 여기 있다!"
"지금은 푸른색이지만,
주변에 붉은 자갈이 많으면 잎을 붉은색으로 바꾸지.
동물에게 먹히지 않으려고 말이야."

"할아버지, 동물을 먹는 식물을 보고 싶어요."
제이슨이 초롱초롱한 눈으로 멀린을 바라보았어요.
어느새 멀린과 제이슨은 *열대림에 와 있었어요.
커다란 주머니처럼 생긴 **네펜테스**가
제이슨을 맞아 주었지요.

열대림 일 년 내내 기온이 높고 비가 많은 지방에서 볼 수 있는 숲이에요.

"이 식물은 벌레는 물론이고 개구리나 쥐도 잡아먹어."
"손이 없는데 어떻게 잡아요?"
"주머니 입구에 단물을 내는 꿀샘이 있거든.
벌레들이 단물을 먹으러 왔다가
주머니 속으로 쏙 빠지는 거지."

동물을 잡아먹는 식물들
파리나 모기 같은 곤충 따위를 잡아먹는 식물을 '식충 식물' 또는 '벌레잡이 식물'이라고 해요. 이 식물들은 주머니에 빠뜨리거나, 잎을 닫아 가두거나, 끈끈한 털을 이용해 동물을 잡아먹지요. 네펜테스, 파리지옥, 끈끈이주걱 등이 대표적인 식충 식물이에요.

네펜테스

"**파리지옥**의 잎에도 단물이 있어. 파리가 단물을 먹으려고 잎에 앉으면, 재빨리 잎을 닫아서 파리를 잡지."

"파리지옥의 잎을 나뭇가지나 잎사귀로 건드려도 잎을 닫을까요?"

"과학자들이 실험을 해 봤는데, 살아 있는 곤충이 아니면 파리지옥은 움직이지 않아."
"와, 정말 놀라워요!"

파리지옥은 어떻게 벌레가 들어오는지 알까요?
파리지옥은 잎 안에 털이 있어요. 곤충이 잎 사이로 들어와 그 털을 건드리면, 잎이 순식간에 닫히면서 곤충을 가두어요.

"제이슨, 동물을 잡아먹는 식물보다 더 신기한 게 있단다."

"우아, 뭔데요? 빨리 보고 싶어요."

"아기를 낳는 **맹그로브 나무**야. 집에 가는 길에 보고 가자."

멀린과 제이슨은 나무들이 빽빽하게 서 있는 바닷가로 갔어요.

"맹그로브는 나무 가장자리에서 아기 나무가 생겨.
그 아기 나무들이 떨어져 나가 다시 뿌리를 내린단다."
제이슨은 나무가 아기를 낳는 모습을 상상해 보았어요.
"멀린 할아버지, 갑자기 엄마가 보고 싶어졌어요.
집에 가고 싶어요."

집으로 돌아온 제이슨이 씩씩하게 말했어요.
"신기한 식물들이 정말 많아요.
독을 가진 식물도 있고,
동물을 잡아먹는 식물도 있고,
게다가 아기를 낳는 식물까지 있으니 말이에요.
그렇지만 나는 데이지가 제일 좋아요!"
"그래, 무엇보다 데이지는 가장 안전하니까."
나비로 변한 멀린이 맞장구를 쳤어요.

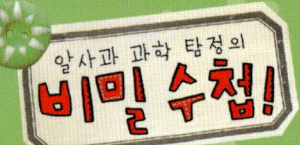

알사과 과학 탐정의 비밀 수첩!

식물인지 동물인지 알쏭달쏭!

식물은 대개 뿌리와 줄기, 잎, 꽃으로 이루어졌어요.
물과 햇빛과 공기로 스스로 영양분을 만들지요.
그런데 특이한 모습이나 특별한 장소에서 살아가는 식물도 있어요.

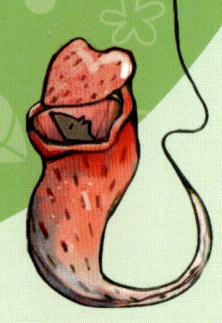

🍎 물속에 사는 식물

조류는 땅 위에 사는 식물과 생김새가 비슷해요. 하지만 뿌리가 없어서 물속을 둥둥 떠다니거나 바위에 달라붙어 살아요.

🍎 축축한 그늘에 사는 식물

이끼는 축축하고 그늘진 곳을 좋아하며, 무리를 이루며 자라요. 뿌리도 없고 꽃도 피우지 않지만 스스로 양분을 만들기 때문에 식물이랍니다.

- 갓
- **주름** 주름에서 나온 홀씨를 주변에 퍼뜨려 번식해요.
- 자루

🍎 버섯은 식물이 아닌 균류!

버섯은 다른 식물처럼 스스로 양분을 만들지 못해요. 그래서 죽은 나무나 죽은 동물에 붙어서 양분을 빨아 먹고 살아요.

자기를 보호하는 식물

투구꽃은 머리에 쓰는 투구처럼 생겨서 붙여진 이름이에요. 이 식물은 뿌리에 강력한 독이 있어요. 이 독 때문에 동물이나 곤충이 먹을 수 없답니다.

곤충을 잡아먹는 식물

긴잎끈끈이주걱은 잎에 난 털끝에서 끈적끈적한 액이 나와요. 그 위에 곤충이 앉아 날아가지 못하면 잎을 돌돌 말아 잡아먹어요.

파리지옥은 조개처럼 벌리고 있던 잎에 곤충이 앉으면 잎을 재빨리 닫아 잡아먹어요.

아기를 낳는 식물

맹그로브는 더운 나라의 바닷가에서 자라요. 씨앗이 땅에 떨어져 뿌리를 내리는 경우도 있지만, 아기 나무가 어미 나무에 붙어 자라는 경우도 있어요. 이렇게 자란 아기 나무가 바다에 툭 하고 떨어져 나가 뿌리를 내리지요.

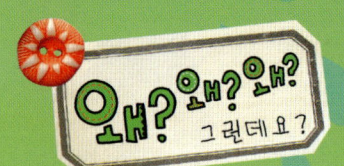
신기한 식물에 대한 요런조런 호기심!

곰팡이는 식물인가요, 동물인가요?

곰팡이는 식물도 아니고, 동물도 아닌 균류란다. 그늘지면서 물기가 많고, 따뜻한 곳을 좋아해. 스스로 양분을 만들 수 없는 곰팡이는 양분을 얻기 위해 다른 생물에 붙어서 산단다.

빵에 곰팡이가 피었어요.

식물도 자신을 지키는 무기가 있다고요?

식물은 마음대로 움직일 수가 없어서 여러 가지 방법으로 자신을 지켜. 뾰족뾰족한 가시를 만들어서 적을 가까이 오지 못하게 하거나, 고약한 맛을 내서 골탕 먹이기도 해. 또는 주변에 있는 것을 이용하여 자신을 감추거나 *보호색을 띠고 식물이 아닌 척하기도 한단다.

보호색 다른 동물의 공격을 피하고 자신의 몸을 보호하기 위하여 주위와 비슷하게 되어 있는 몸의 색깔을 말해요.

가시엉겅퀴의 줄기와 잎에는 가시가 있어서 곤충들이 쉽게 다가가지 못해요.

식물이 어떻게 동물을 잡아먹나요?

동물을 잡아먹는 식물은 세 가지 특징이 있어. 첫 번째는 먹잇감을 향이나 색깔, 또는 단물로 끌어들인다는 거야. 두 번째는 먹잇감을 잡아 가두는 주머니를 가지고 있지. 세 번째로는 동물을 소화할 수 있는 소화액이 있어. 하지만 동물을 잡아먹는 식물도 햇빛으로 양분을 만들 수 있어서 동물을 잡아먹지 않더라도 살 수는 있단다.

끈끈이주걱의 둥근 잎은 끈적거려서, 곤충이 한번 달라붙으면 벗어나지 못해요.

바닷속에는 어떤 식물이 있나요?

김, 미역, 파래, 다시마와 같은 식물들이 바로 바닷속에 사는 식물이야. 바닷속에 사는 식물을 해조류 또는 바닷말이라고 하지. 바닷말은 얼마나 깊은 바다에 사느냐에 따라 색깔이 달라. 얕은 곳에서부터 깊은 곳으로 갈수록 녹색, 갈색, 붉은색을 띤단다.

파래는 물속에 있을 때 녹색을 띠어요.

미역은 물속에 있을 때 갈색을 띠어요.

김은 물속에 있을 때 붉은색을 띠어요.

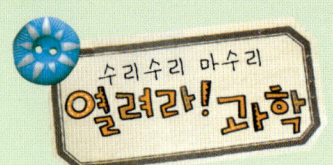

세상에는 이런 식물도 있어요

세상에는 신기한 식물들이 많아요. 지독한 냄새를 풍기는 식물, 몸을 흔들흔들 움직이는 식물, 건드리면 움츠러드는 식물이 있답니다.

타이탄 아룸은 세계에서 가장 큰 꽃이며, 가장 냄새가 지독해요. 고기 썩는 냄새가 풍긴다 해서 '시체꽃'이라고도 불려요.

라플레시아도 지독한 냄새를 풍겨요. 이는 꽃가루를 퍼뜨려 줄 파리를 끌어모으기 위해서라고 해요.

무초는 음악을 들으면 큰 잎 안쪽에 있는 작은 잎들이 흔들흔들 춤을 추어요.

미모사는 잎을 건드리면 양쪽으로 갈라져 있는 잎들이 재빨리 오므라들면서 축 처져요.

벌레잡이 식물을 길러요

벌레잡이 식물은 사람에게 피해를 주지 않아요. 가장 기르기 쉬운 벌레잡이 식물은 '파리지옥'이에요. 가까운 꽃 가게에서 쉽게 살 수 있답니다.

1 파리지옥은 열대 지방에서 자라는 식물이에요. 그래서 물을 충분히 주어야 해요. 화분 받침대를 마련해, 받침대의 물이 마르지 않도록 날마다 물을 주세요.

2 파리지옥은 햇빛이 잘 드는 곳에 두어야 해요.

3 실내에서 자라는 파리지옥은 따로 먹이를 주어야 해요. 죽은 벌레나 햄버거 조각 등은 식중독을 일으킬 수 있으니 절대 주면 안 돼요.

4 장난으로 자꾸 잎을 건드리면, 파리지옥이 죽을 수 있어요.